Ángel Cristóbal García

EL MAESTRO DE LAS SOMBRAS

Monografía del pintor venezolano
Ángel Hurtado

Ángel Cristóbal García

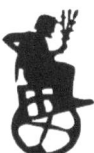

Letras Latinas Publishers, Inc.
2017

Ángel Cristóbal García

Copyright Letras Latinas Publishers, 2017
Copyright Angel Cristóbal Garcia, 2017

Hecho el depósito legal ante la ley:
ISBN-13: 978-1979241298
ISBN-10: 1979241295

Edición al cuidado de Felicia Jiménez
Diseño de portada: Autorretrato de Ángel Hurtado

Envíenos sus comentarios:
letraslatinas@gmail.com
letraslatinaspublishers@gmail.com

Websites:
www.southpress.jimdo.com
www.amazon.com/author/angelchristopher
www.letraslatinas.blogspot.com

Impreso en los Estados Unidos

Ángel Cristóbal García

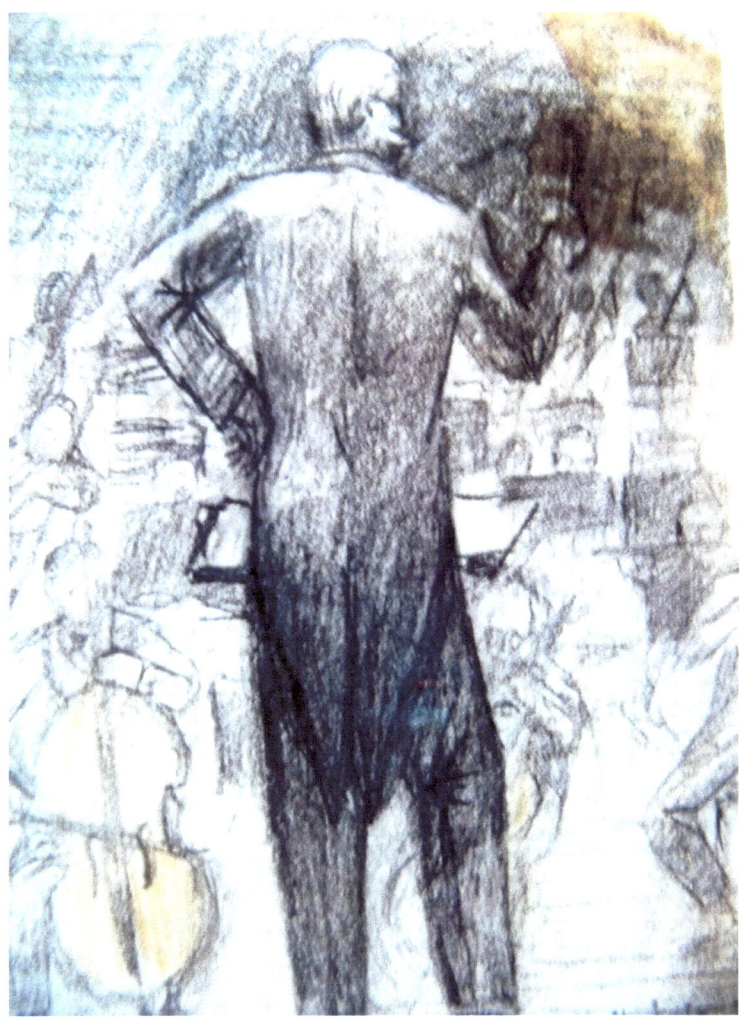

Estudio. Ángel Hurtado.

Ángel Cristóbal García

A MODO DE INTRODUCCIÓN
Del paisaje al paisaje interior

El hombre que recibió el Premio Nacional de Pintura en 1961, cumplió ya nueve décadas plenas de creatividad y una extraordinaria multiplicidad en su expresión artística de pintor, cineasta y fotógrafo.

Hablar de Ángel Hurtado es remitirse a sus cuadros de gran formato con dramáticos paisajes primigenios donde él – cual si fuera Dios – coloca la luz según los requerimientos de composición y estructura.

Un ser humano con un gran sentido del humor – en ocasiones, cáustico -, exigente en su trabajo y tajante en sus opiniones sobre el arte y su mundo intrínseco. Su música preferida es el sonido del mar, en cuya orilla tiene su espacioso taller, entre las faldas del cerro Matasiete y el deslumbrante Mar Caribe que baña las costas de isla Margarita, repleta de la luz del trópico y de las ideas pendientes por plasmar en sus lienzos.

"Pinta tu aldea y serás universal", reza una máxima de los antiguos. Y aunque Ángel Hurtado tal vez no tenía esa intención en mente cuando desde muy joven, niño casi, pintó obsesivamente los paisajes del Tocuyo, su tierra natal, sí pareció tener conciencia, desde el principio, de que el problema no era la simple representación, sino la dimensión plástica que éste le planteaba. Así lo deja sentir cuando declara, en 1950, que "la pintura venezolana debía tratar de asimilar más el ambiente, procurando desligarse de influencias extrañas, pero evitando caer en ciertas tradiciones criollistas de mal gusto". (1)

Esta afirmación temprana es necesario tomarla en cuenta para entender que desde que empezó en la pintura Ángel Hurtado ha estado marcado por el paisaje, aun en los años de indagación en la abstracción, en los que su presencia no es evidente en el cuadro, pero continúa allí, como una energía latente, reclamando su espacio, marcando cada línea, cada textura, cada color, cada decisión plástica que conforma el estilo de este artista, hasta hacerse paisaje interior, cósmico, universal; "un paisaje ubicuo y de ninguna parte, que surge bajo la forma de tepuy o serranía, para recordarnos, antes de que el final llegue, que hubo un tiempo primigenio, anterior al hombre, que parece ser, en sus cuadros, el tiempo, el espacio y el paisaje mismo del alma". (2)

Ángel Hurtado es un caso único, inusual, en la pintura venezolana. Excepcionalmente dotado para el retrato y el paisaje, como lo demuestran los trabajos de juventud, cuyo seguimiento podemos hacer gracias al valioso trabajo de Marta de la Vega, titulado "Ángel Hurtado", donde apreciamos su dedicación a la geografía y la arquitectura de su ciudad natal, al punto de que alguien afirmara, después del terremoto que destruyó a El Tocuyo en los 50, que ésta podría ser reconstruida a partir de los cuadros y dibujos de Hurtado.

Pero ya entonces advierte Marta de la Vega su necesidad, como señalábamos, de ir más allá de una imitación o representación de la realidad, para construir una proposición estética solo apoyada en valores plásticos. Conciencia que se reafirma en los '50, cuando se marcha a París, en esos años en los que la capital francesa es el escenario de la aventura que libra el arte por independizarse del yugo de la representación.

Y no solamente el arte: la vida parece transcurrir, paralelamente, en el mismo sentido de búsquedas, experimentos y aventuras. Siempre ha sido muy inquieto. Siempre quiso conocer cosas, descubrir el mundo que hasta entonces sólo había conocido en los libros. Pero la lectura sola no llena. No es lo mismo oír hablar de Grecia que ir a Grecia. Así que, a los 27 años, se fue a Europa y la recorrió solo; desde Grecia hasta los países escandinavos, en un viaje de aventura. Sin dinero. Al llegar a París, comparte con Jesús Soto la música como medio de sobrevivencia, y con él, y otros artistas, constituye el grupo Galipán, en el que Hurtado toca la percusión. Tocaban en los restaurantes, y después pasaban el sombrero.

En el mundo de la plástica estaba de moda por esos años el arte geométrico, pero eso nunca me atrajo. Le gusta el arte abstracto, pero que sea espontáneo, sin recta ni tiralíneas. Por eso, siempre hizo un arte abstracto no geométrico.

Y es el paisaje siempre, el que subyace en él. Paisajes de El Tocuyo, ya inexistente, que perviven en su memoria. "Ahora soy de ninguna parte", dice a raíz del sismo. Y, más tarde, señala: "Es como si el terremoto se hubiera llevado a El Tocuyo por el mundo dando vueltas y a mí en él" (3). Nada mejor que ser de una ciudad fantasma para llegar a ser ciudadano del mundo. Como la casa perdida de la infancia que es irrecuperable, pero seguimos allí, obsesivamente buscándola, los paisajes de su región natal continúan, como un motor oculto, potenciando sus búsquedas.

Pero he aquí que entonces, aunque sigue trabajando en la pintura, explorando en los nuevos lenguajes que el cosmopolitismo determina, Hurtado se entrega casi por completo, durante más de 30 años, a la maravilla del séptimo arte. "El futuro del arte está en el cine", le había dicho a Jesús Soto a su llegada a París. De obsesión temprana, el cine pasa a convertirse en forma de vida.

Y tal vez no le faltaba razón. Porque si el nombre de su abuelo -Leonardo- y su padre -Miguel Ángel- tal vez lo marcaron en los confines de la conciencia para la pintura, la actividad de éste último en el pueblo del Tocuyo, representó para él no sólo el contacto directo y el descubrimiento de la magia del cine, sino la primera -y definitiva- fascinación por la imagen. Él mismo recuerda cómo, a raíz del trabajo con su padre en el cine Sucre del Tocuyo, recortaba los fotogramas de las imágenes que más le impactaban y los llevaba a su casa para disfrutarlos en la soledad de su cuarto oscuro. Y son doce años los que pasa en París dedicado al cine, y muchos más haciendo video para la televisión francesa, cuando el color arriba a la pequeña pantalla.

Todo ese trabajo audiovisual, tanto cuantitativo como cualitativo, le facultan para que en 1970 asume el cargo de Jefe de la Unidad Audiovisual del Departamento de Artes Visuales del Museo de la OEA, que dirigía entonces José Gómez Sicre. Desde allí realiza "América Latina, imagen y tiempo", una serie de documentales para televisión sobre diversos artistas de Venezuela y América Latina, que permiten a Jesús Soto afirmar que el arte, y el continente latinoamericano en particular, tienen una gran deuda con Ángel Hurtado. Ese es el personaje que pretendemos destacar en las próximas páginas.

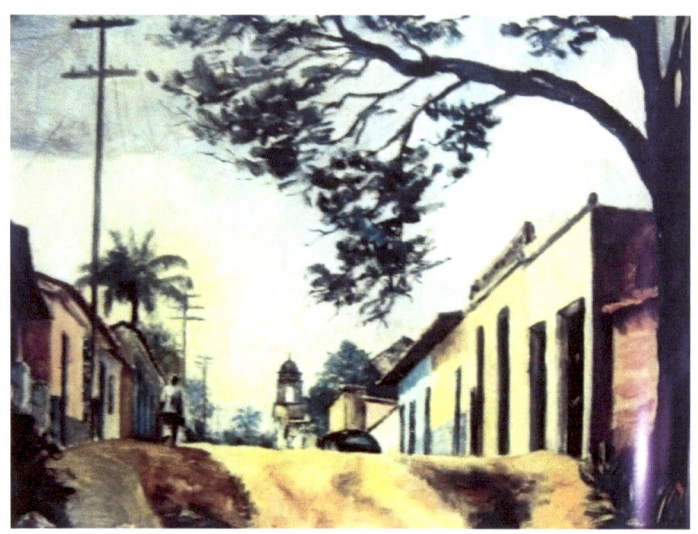

CAPÍTULO I
De El Tocuyo a París

El año de 1927 coincide con el despunte de la decadencia del régimen de Juan Vicente Gómez. Época de agitaciones estudiantiles y fallidas conspiraciones militares que no pudieron sacar al país de su letargo. Sin embargo, aquel presidente cada vez más solitario en la cúspide del poder y disminuido por quebrantos de salud, vaticinaba el comienzo de un tiempo de esperanza para Venezuela.

Mientras tanto, la vida en provincia transcurría austera y apacible. Y en esa tradicional humildad de la Venezuela rural que caracterizaba a El Tocuyo, nace el 27 de octubre de aquel año Ángel Hurtado. Su padre, Miguel Ángel Hurtado, serio e introvertido, era el dueño del único cine del pueblo. Así que el pequeño Hurtado, a instancias del papá, muy pronto comenzaría a pintar los cartelones que anunciaban las películas que pasarían en el cine "Sucre". Mientras que su madre, María Leña de Hurtado, costurera, era muy apreciada entre las señoras elegantes de la sociedad tocuyana, por la calidad y belleza de los trajes que no sólo cosía, sino que pintaba sobre sus telas motivos vegetales, y entre las flores, rosas, a petición de sus clientes.

Del aporte que significaron respectivamente los oficios de sus padres, resultó su conciencia de ser, por sobre todas la cosas, un artesano de la imagen: "Yo no me considero pintor ni cineasta, me considero un artesano visual, para mí todo lo que entra por el ojo es lo mismo… es la creación de lo visual, de lo que tú interpretas por el ojo...". Diría él en diversas entrevistas y conversaciones posteriores. (4)
Y se comprende que el cine y la pintura, que fueron como medio de subsistencia familiar parte de su instinto vital, se hayan convertido en las dos vertientes que caracterizan su trabajo más importante de artista.

De esta forma transcurren los primeros años de Hurtado, una época que le aportó una valoración positiva de lo propio y de la cual le quedó esa recurrente presencia de la tierra, y la preferencia por el paisaje que destaca a su obra.

Hace sus estudios de bachillerato en el Liceo Lisandro Alvarado de El Tocuyo. Pero las matemáticas le aterraban, así que a mitad de 4º año deja el Liceo y decide irse a Caracas a estudiar pintura en la Escuela de Artes Plásticas. Y al contrario de lo que usualmente hacen los padres corrientes, que quieren para sus hijos carreras profesionales que produzcan dividendos, tanto su madre como su padre nunca se opusieron para que Hurtado estudiara pintura.

Este salto desde El Tocuyo hasta la capital era como pasar de una sociedad tradicional, poco apta para estimular su potencial artístico, a una sociedad moderna, abierta a las corrientes de sensibilidad y pensamiento contemporáneos provenientes de Europa y norte América. Y en la Escuela, bajo la dirección del maestro Edmundo Monsanto, los profesores en su mayoría conjugaban la audacia pedagógica con el conocimiento de los nuevos lenguajes de la plástica internacional.

Sin embargo, la llegada a Caracas no significó su inmediato ingreso en la Escuela. Tuvo que enfrentar su condición de joven de provincia, desconocido y sin relaciones que le facilitaran la admisión. Ni le fue fácil el reto de un aprendizaje sistemático, ni logró automáticamente el apoyo financiero para proseguir su formación.

"Aquí hay una mano maestra"

Pero encuentra afortunadamente a un hombre de gran inteligencia y fina sensibilidad, el poeta José Antonio Escalona Escalona, asesor de literatura del Ministerio de Educación, y éste se encarga de representar a Hurtado ante la Directora de Cultura, Elisa Elvira Zuloaga, quien le había negado al joven pintor la posibilidad de una beca. Quizá si no hubiera sido por este hecho casual, se habría frustrado un talento como el de nuestro artista.

Ya como estudiante, un día Ángel le dejó a su protector dos cuadros, que Escalona colocó en el piso, junto a su escritorio. Al pasar la Directora y detenerse frente a ellos aquél le comentó: "Son de un pintor que está comenzando…" Elisa Elvira Zuloaga contesta: "Con sólo ver cómo pinta el agua, aquí hay una mano maestra" (5).

Al poco tiempo, durante el X Salón Oficial de Arte Venezolano de 1949, Hurtado recibe el premio "Trabajos de mérito especial" que el Ministerio de Educación otorgaba a los estudiantes de artes plásticas, lo cual vino a reforzar la vocación del joven artista. Una foto congeló este momento, y en la misma podemos ver a Ángel sonriente, en elegante traje, recibiendo el pergamino.

Pero a pesar de estos estímulos, el clima académico de la Escuela ya venía deteriorándose después de la muerte del maestro Monsanto, ocurrida en 1947. Se cuenta que durante la noche del funeral, el pintor Armando Reverón hizo retratos a varios de los presentes, entre ellos Hurtado, nada menos que utilizando palillos de fósforos quemados, a manera de carboncillo, para dibujar y la ceniza de los cigarrillos para matizar las sombras y lograr el claroscuro. ¡Genio y figura este Reverón!

Ángel Cristóbal García

Arte libre en un taller

Gracias a las ideas propulsoras del fundador del Museo de las Américas, José Gómez Sicre y de las escritora y coleccionista cubana María Luisa Gómez Mena, es creado un Taller Libre de Arte, subvencionado por el Ministerio de Educación; con el objetivo de favorecer el desarrollo de la práctica artística entre aquellos pintores que carecían de taller. Sin embargo, la idea en vez de constituir una alternativa válida frente al descontento de los estudiantes, no hizo más que exacerbar la crisis al intensificar la discusión y la difusión de información acerca de tendencias y movimientos significativos de entonces. Y en abril de 1950 es inaugurada en el Ateneo de Caracas una exposición colectiva, cuyos participantes pedían pacíficamente su retiro de la Escuela, por la manera como ésta se venía conduciendo; la respuesta es la expulsión de aquel grupo, entre los que se encontraban:

Omar Carreño, Alirio Rodríguez, Ángel Hurtado, Jacobo Borges, Emma García, entre otros.

Pero ese año, a pesar de la interrupción escolar, fue fructífero, ya que el Taller Libre consigue agrupar otros jóvenes asiduos a las actividades culturales que allí tenían lugar, bajo la denominación de "Los Nuevos". Participan poetas, músicos, cineastas, pintores, prosistas, con estatutos y estructura administrativa. Nombres como Oswaldo Vigas, Carlos Cruz Diez, Jesús Soto, Dora Hersen y el propio Hurtado formarían parte de los primeros organizadores.

Hurtado participa en el III Salón "Cristóbal Rojas", que cuenta con los auspicios del Instituto Venezolano-Soviético. En esta ocasión declara:

"En lo que concierne a la pintura venezolana, debe de tratarse de asimilar más el ambiente, procurando desligarse de tantas influencias extrañas, pero con miras siempre hacia lo universal, evitando caer en ciertas tradiciones criollistas de mal gusto" (6)

En el VIII Salón Anual de Artes Plásticas "Arturo Michelena" de 1950, recibe el segundo premio, entre 53 obras aceptadas, por el mejor paisaje. Oswaldo Vigas y Carlos Cruz Diez también obtuvieron premios.

Pero un desastre natural viene a interrumpir la alegría del artista por los galardones recibidos. En los primeros días de agosto del 50, un terremoto en El Tocuyo, su pueblo natal, ahonda en él ese sentimiento de desarraigo que ya le acompañaba y la necesidad de un horizonte más universal. Luego del movimiento sísmico sintió una doble angustia:

la de no saber lo ocurrido con sus familiares y la de imaginar destruidos todos aquellos sitios tan queridos que fueron, para decirlo plásticamente, sus primeros modelos de iniciación de pintor.

Después de haber permanecido casi tres años y medio en la Escuela de Artes Plásticas, su afán de perfeccionar el oficio, enriquecer las técnicas y aumentar su bagaje cultural le hacen pensar en Europa, a donde viajará en cuanto las condiciones económicas se lo permitan. Sin embargo, aún no le llega su turno y deberá esperar varios años antes de llevar a cabo ese objetivo.

A partir de 1952, gracias a las estimulantes reuniones que habían tenido lugar hasta ese momento en el Taller Libre y bajo el influjo creciente de las posiciones defendidas por "los disidentes", Ángel Hurtado adopta la abstracción, inicialmente en una doble perspectiva. El 5º Salón Anual de Pintura "Planchart" de aquel año, al que cada artista concurría con dos obras, recoge esta doble vertiente del abstraccionismo de Hurtado, en las pinturas que allí lo representaron.

Con tal intensidad asume Hurtado su tarea a favor de la abstracción, que pretende incluso destruir los vestigios figurativos de su trabajo plástico, como ocurrió con algunas de sus obras juveniles. Por esa furia de borrar toda huella del pasado, estuvo a punto de perderse un hermoso cuadro naturalista de evocación rural, Paisaje de Oricao, protegido por la defensa que del mismo hizo la hermana menor del artista, Josefina, a quien lo había regalado.

En síntesis, este periodo venezolano en la formación del artista le aportó el aprendizaje del oficio, durante su permanencia en la Escuela de Artes Plásticas, su gran preocupación fue aprender a pintar, a dominar las técnicas del dibujo y la pintura, sin ninguna preocupación de orden conceptual.

Por otro lado, desde fines de los años 40 y en la década de los 50, Venezuela se caracterizó por la presencia casi hegemónica del arte abstracto-geométrico. Los espacios integrados de la Ciudad Universitaria de Caracas, bajo la sabia conducción artística y arquitectónica de Carlos Raúl Villanueva son muestra clara de tal proceso. Este clima también propició el salto cualitativo que condujo a Hurtado fuera del realismo pictórico.

Paralelamente, su práctica de la fotografía y su pasión por el cine, indujeron a Hurtado hacia la experimentación de nuevas posibilidades plásticas. Con este bagaje, inicia su primera estadía en París.

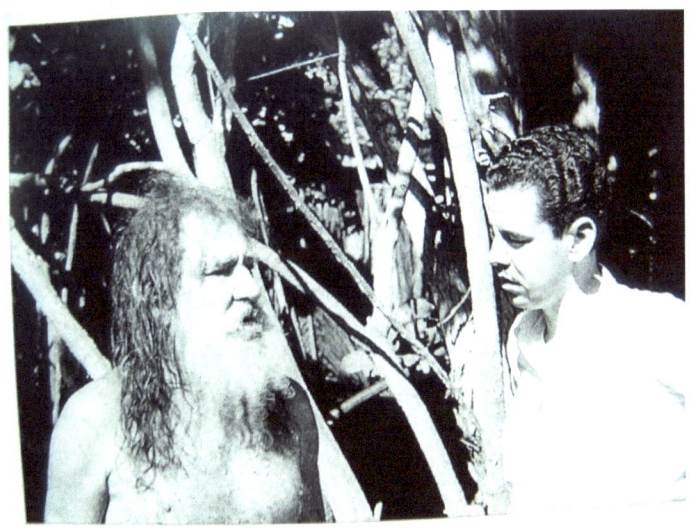

CAPITULO II
En un tren de correos

Gracias a Ramón Vázquez Brito (7), quien a su regreso de Buenos Aires obtuvo el Premio Nacional de Pintura, con un monto de cinco mil bolívares y un pasaje de ida y vuelta a Europa en avión, se le presenta a Hurtado la oportunidad tanto esperada. Ángel le planteó a su amigo el deseo de conocer Europa y quedarse a vivir en París.

Es en la primera quincena de septiembre de 1954 cuando, cambiado el boleto aéreo de Vázquez Brito por dos tiques de tercera en barco, y con un remanente en dinero que les devolvió Alfredo Boulton (8), navegan en el "Franca C" por doce días, hasta Tenerife. Durante la travesía, la alegría del viaje se vio ensombrecida cuando se enteran por la radio del barco de la muerte de Reverón. De Islas Canarias siguen a Barcelona, desde donde salen a Madrid en un "tren de correo, negros de humo y de hollín" (9)

Para Hurtado este gesto de Vázquez Brito fue inolvidable: "Tengo con él una gran deuda de reconocimiento. Yo tenía unos ahorros para pasar unos tres meses en Europa, producto de mi trabajo en una agencia de publicidad, pero no tenía cómo pagarme el pasaje" (10).

Después de Madrid, llegan a Andalucía donde, según el propio Hurtado, Ramón aprovechó para cantar en varias de la tabernas de Sevilla y Córdoba, como antes lo hizo en el famoso "Sésamo" de Madrid. Muchos no conocían de la magnífica voz del pintor:

> Desde entonces hemos tenido una gran amistad. Él, desde Margarita, donde pintaba los carteles para el cine, yo desde El Tocuyo, donde hacía el mismo trabajo, ya teníamos afinidades. Siempre admiré mucho su trabajo, desde cuando nos encontramos en la Escuela de Artes Plásticas. (11)

De no haber sido así, es posible que Hurtado se hubiese quedado en Caracas haciendo publicidad. "Seguramente hoy estaría inmensamente rico, pero profundamente infeliz". (12)

Fue una experiencia decisiva para él, pues allí comenzó el primer periodo importante de su obra madura. Como contara después a A. Courvoisier: "Es en París donde mi juicio ha madurado más en tres años que en todo el resto de mi vida anterior". (13).

Así, mientras Vázquez Brito regresaba a Caracas tres meses más tarde, en 1955 Hurtado seguía hacia París, donde entra en contacto con los pintores venezolanos que ya estaban en la "ciudad luz", especialmente con Oswaldo Vigas, su compañero de pensión, quien lo recibe y alberga al principio. Luego encontrará a Soto, Poleo y a Humberto Jaimes Sánchez.

Hurtado asiste a los cursos que impartía Jean Cousteau en la Sorbona y conoce a otros destacados pintores, como Magnelli y Wilfredo Lam. En el verano, con Vigas, Jaimes Sánchez y la fotógrafa griega Colette Baltzakis, para quien Hurtado trabajaba como laboratorista, viajan a Vallauris, para invitar a Picasso, quien vivía en Cannes, a la exposición internacional de Valencia.

Es el año de su primera película realizada en París, la cual dedica a los trabajos cinéticos de Jesús Soto, quien junto con Hurtado, Narciso Debourg, Cáceres y Urbina, toca música popular venezolana en el conjunto Galipán. Lo que no impide que participe en el Salon des Realités Nouvelles, dedicado exclusivamente al arte abstracto.

En 1956 viaja por tierra a Bélgica, Alemania, Dinamarca, Suecia y Noruega en donde se embarca para Londres. Y tras un breve regreso a París para exponer en la Galería Cimaise, con un grupo de pintores abstractos residentes en Francia, realiza su sueño de visitar Italia, Suiza y Grecia: se le ve en una fotografía, posando ante las célebres Cariátides, en la Metrópolis de Atena.

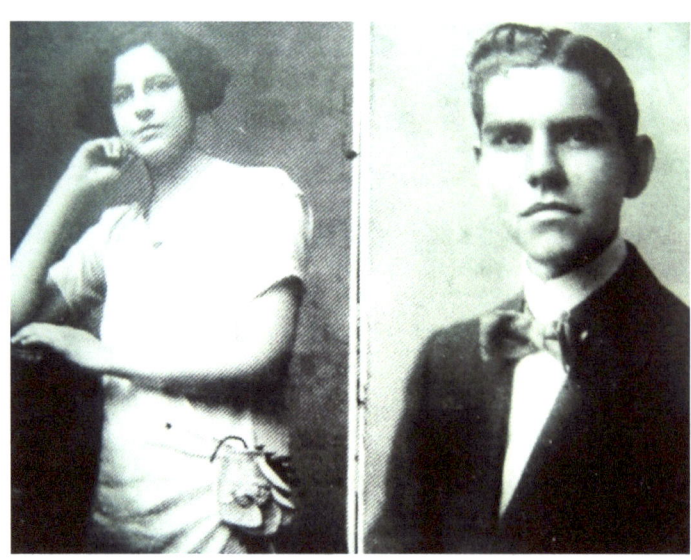

Nadie es profeta en su tierra

Un hecho curioso le sucede a dos de sus más famosos cuadros, "El Día" y "La Noche", los cuales expone primeramente en el XVIII Salón Anual del Arte Venezolano de 1957 y un año después son enviados a la Bienal de Sao Paulo, donde son comprados por el Museo de Arte Moderno de Nueva York. Las obras van parar a la residencia en Albany del gobernador de Nueva York, el magnate Nelson Rockefeller. Tiempo después, un voraz incendio devora la mansión y las pinturas de Hurtado, junto con las obras de otros pintores. La revista Look publicó una foto del gobernador ante los cuadros de Ángel y Pollock, la cual sería reproducida en Caracas.

Con motivo de la noticia acerca de dos cuadros de un venezolano, pasto de las llamas que destruyeron una de las mansiones del multimillonario estadounidense, la prensa caraqueña forma un revuelo y publica un artículo titulado "Un Ángel olvidado", en homenaje al "tocuyense ausente", del cual extraemos el siguiente elocuente párrafo:

…¡Ningún premio le fue conferido jamás en los Salones Oficiales a los que (Ángel Hurtado) concurre indomable año tras año con telas excelentes pero…ay, abstractas! ¿Qué es lo que ocurre? Mientras a diestra y siniestra se encienden ditirambos acerca de quiénes tienen aún toda su obra por hacer, será imprescindible esperar a que los artistas más creadores y personales sean incorporados a colecciones como la del Museo de Arte Moderno de Nueva York, para que se les reconozca su valor en su propia tierra? (14)

Ángel Cristóbal García

El contexto internacional

Hacia fines de la década de los cuarenta se produjo en diversos países de América Latina un movimiento de apertura "universalista", que se expresó como un abandono de la búsqueda de lo propio. El desarrollo de las artes plásticas adquiere un sentido cosmopolita. Comienzan a ser reconocidos artistas cuyas preocupaciones estéticas no podrían ser definidas como nacionalistas: lo que los mueve es, sobre todo, una búsqueda a secas.

Este momento coincide con una opción deliberada de modernización en los diversos países latinoamericanos, estrechamente relacionada con una mayor integración a los movimientos internacionales de la plástica. A la vez que se moderniza y diversifica la producción económica con el desarrollo industrial, diversas instituciones estatales en

Latinoamérica apoyan un proceso de internacionalización de la producción artística de sus respectivos países.

La abstracción, en efecto, ya sea bajo la forma del arte concreto, el constructivismo, etc., es por esencia supranacional. Sin embargo, mientras en Venezuela y del resto de América Latina, como ya hemos visto en anteriores trabajos, la tendencia abstracta predominante durante los años cincuenta será la geométrica, en los Estados Unidos y Europa surgirá, en cambio, una reacción contra el arte constructivo.

Hacia 1959, cuando Hurtado regresa a Venezuela, también aquí el informalismo se había convertido en una corriente renovadora. Sin embargo, en el artista recién llegado de París, a diferencia de los informalistas, e incluso de los expresionistas abstractos, la pintura de

Hurtado revela la intención clara de componer la pintura.

Todas sus obras contemporáneas del informalismo en Venezuela, entre ellas la que ganó el Premio Nacional, ponen de manifiesto, a pesar de los rasgos de época comunes, que Ángel Hurtado no es informalista.

En julio de 1959 veremos al pintor de profesor de dibujo, pintura, y fotografía en la Escuela de Artes Plásticas de Caracas, y ese mismo sorprenderá a todos con dos películas que mostrará en el Museo de Bellas Artes; los venezolanos y venezolanas estaban ajenos a otra pasión del artista, inseparables y a la vez dueñas de su propio lenguaje: el cine, una pasión que comenzó muchos años atrás en una pequeña sala de proyección de El Tocuyo.

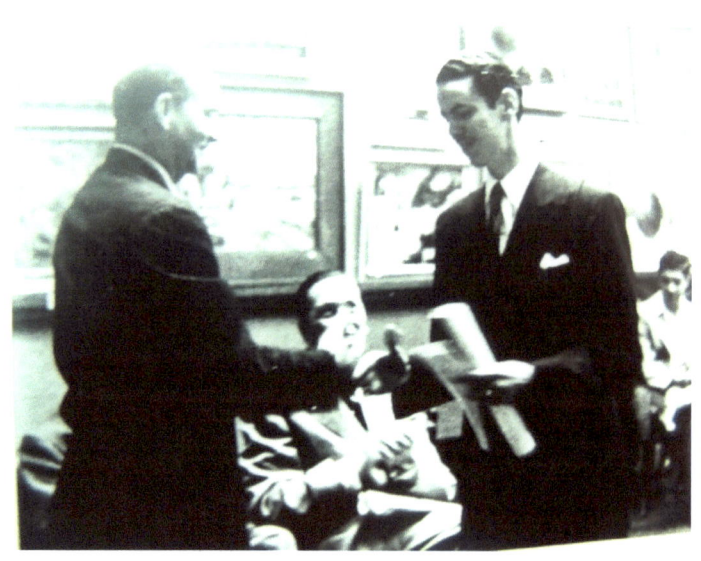

CAPITULO III
La linterna mágica

Cuando empezaba a tener uso de razón, un día su madre le dijo: "Tu abuelo se llama Leonardo, tu padre Miguel Ángel y tienes un tío que se llama Rafael. Deberías ser pintor". Con aquella amenaza renacentista sobre su cabeza al pequeño Hurtado no le quedaba otra alternativa. Ella y su abuela pintaban ocasionalmente y le ayudaron en los primeros pasos.

Miguel Ángel, no el maestro del Renacimiento, sino su padre, tenía un cine. Era el primer cine parlante que tuvo El Tocuyo. El cine y Hurtado aprendieron a hablar por la misma época. Más tarde, cuando aprendió a leer y escribir, observaba con curiosidad e interés cómo su padre pintaba los cartelones para anunciar las películas.

Eran grandes bastidores de madera donde se tensaba una tela de yute que se recubría con papel de imprenta pegado con engrudo. Allí se fijaban las fotos o los afiches y se pintaban los letreros alusivos a la película: "Hoy, LA MANO QUE APRIETA (en un solo aparato que el otro se dañó) con Lon Chaney y Bela Lugosi. ¡Misterio!... ¡Sangre!... ¡Terror!... A precios populares".

Le impresionaba la seguridad con la cual su madre trazaba aquellas letras con un azul añil que fascinaba al niño, y que hasta hoy sigue siendo uno de sus colores favoritos. En vista de su interés, un día Miguel Ángel le entregó los pinceles, el azul añil y la tarea diaria de hacer los cartelones.

Por la noche Hurtado subía a la cabina de proyección y ayudaba al proyeccionista. Se llamaba Lino, le faltaba una pierna y era impresionante verlo subir la escalera sin usar su muleta. Lino le enseñó los misterios de los lentes y de la cruz de malta, que permite detener un fotograma iluminado, fracciones de segundo, entre dos fracciones de total oscuridad: ¡la clave mágica del cine! Le fascinaba el aparato marca Simplex, que él, sin embargo, encontraba complicado.

La película se desarrollaba en la pantalla y Hurtado la veía por la estrecha ventanilla de la cabina. No seguía ni la acción ni el argumento. Lo que le interesaban eran las imágenes. Aquellos paisajes majestuosos de las películas de vaqueros, donde corrían veloces los caballos. Cuando una de aquellas escenas le impresionaba, Hurtado miraba al aparato y memorizaba: "En la mitad del cuarto rollo". Al día siguiente, antes de devolver la película al distribuidor, tenía que rebobinarla, tarea que había pedido que se le encomendara también. Al llegar a la mitad del cuarto rollo… ¡ahí estaba la escena!

En el misterio de aquella cabina de proyección, solitaria y silenciosa, que olía a celuloide y a éter acético con el que se pegaban las películas, se cometía un sacrilegio: Hurtado cortaba un fotograma de aquella escena de sus sueños. Como esto sucedía todos los días, y eran muchas las escenas, llegó a tener una impresionante colección.

Con una lata de galletas vacía, un bombillo y el lente de un viejo proyector, se construyó una linterna mágica que le permitía ver aquellos diminutos trozos de película perforada. Para el niño era extraordinario poder tener en su absoluta posesión aquella imagen estática, robada de un sueño, proyectada en las paredes de su cuarto. Aquella imagen, silenciosa y sin movimiento era más fascinante que la misma imagen, sonora y con movimiento proyectada en la pantalla del teatro.

Al ponerle a trabajar en su cine, el padre su hijo otra vocación. Desde entonces hasta ahora, Hurtado no ha hecho otra cosa que manipular las imágenes. Aquellas de su niñez son las mismas de hoy. Las añora, las reinventa, las transforma: "Sigo hundiendo mi pincel en el mismo azul añil de mi infancia, y cuando brotan en la tela, me parece que surgen de la misma manera que aquellas imágenes de la linterna mágica en las oscuras paredes de mi cuarto". (15).

Cine y pintura: la complejidad del hecho artístico visual

El cine ha contribuido en la exploración plástica de Ángel Hurtado, a subrayar la visualidad de la imagen y a desarrollar una percepción dinámica del hecho estético. Puesto que para él "no hay fronteras en el arte", su interés por el cine, que nutrió en París y desarrolló en los Estados Unidos, como jefe de la Unidad de Audiovisual del Museo de la O.E.A. en Washington, D.C., durante casi treinta años, se articula con los objetivos que persigue en su búsqueda pictórica. Sin nacionalismos ni "americanismos de pacotilla", como afirmara allí mismo, lo que cuenta en ella es su universalidad, su hermosa calidad emocional, su verdad.

Habiendo sido el cine por mucho tiempo su actividad predominante, sin por ello dejar de pintar, Hurtado ha mantenido una relación simbiótica entre el séptimo arte y la pintura. Así lo confirma una cineasta venezolana, cuando expresó:

> Ángel compone muy bien en cine porque pinta. Su sentido de encuadre es muy valioso porque es pintor y porque es fotógrafo y cineasta. La estética de su ojo responde a esta triple conjunción. Como una expresión del punto de vista, lo ha logrado a través de la educación visual. Su conocimiento de la luz, su dominio de la luz, le vienen de su experiencia de cineasta y se retroalimenta de la pintura. Pero él es fundamentalmente pintor (16).

Cuando entró en crisis su relación con la pintura, cualesquiera que hayan sido las razones, el cine vino a colmar la necesidad de una práctica que garantizara los elementos esenciales de las artes plásticas, sin las limitaciones que la pintura tradicional no había logrado resolver.

En un afán de emulación inconsciente, buscará ir más lejos que el propio maestro que recrea. Es la misma situación que se ha planteado también con la elaboración de los collages, en cuya resolución no habrá copia, ni se tratará de una pintura de la pintura, sino que en sí misma es otra pintura, tratada, además, como si la hubiera trabajado el propio maestro.

Deslumbrado por los hallazgos extraordinarios de Soto y su capacidad de invención, así como por las audaces incursiones cromáticas de Cruz-Diez, Hurtado hace "cinética" al igual que sus amigos artistas, pero a través del cine. Fue así como resolvió hacer documentales de arte.

El cine ha sido de esta manera un instrumento de apropiación múltiple de la realidad. Mediante la imagen, trabajada cinéticamente, Hurtado ha logrado, desde la plasmación de las huellas de las culturas precolombinas, hasta la evolución de una época; la percepción del mundo de un artista o la descripción de un pedazo d geografía de nuestro continente.

Así como se trataba en la práctica pictórica de pintar la expresión abstracta de un paisaje, en el esfuerzo cinematográfico se trata de integrar los aspectos fragmentados de la realidad, como único paisaje dibujado desde los diversos encuadres.

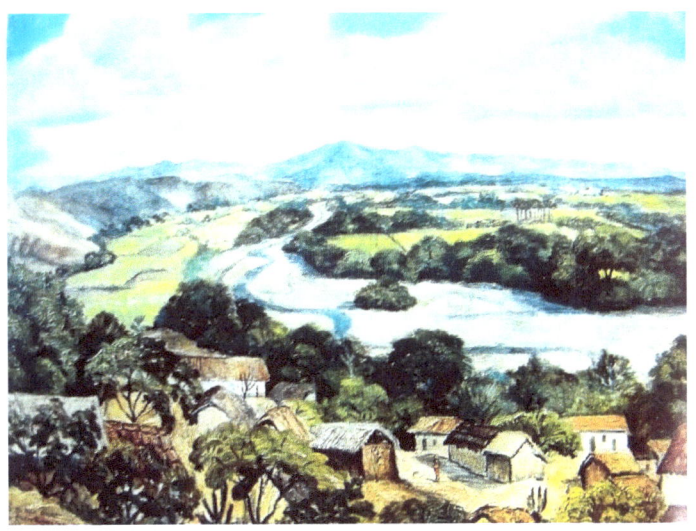

CAPITULO IV

El silencio de los tepuyes

De 1961 en adelante, sólo quedan en el espacio infinitos fragmentos de una explosión sideral, o los restos flotantes de astros desaparecidos, o el magma que pareciera anunciar el nacimiento de una estrella o el origen de un nuevo planeta. Ha desaparecido del campo pictórico de Hurtado toda referencia concreta y lo real de un cosmos puramente imaginario.

Se le ha vinculado en este periodo al informalismo. Sin embargo, el propio artista nos precisa: "Mi poca atracción hacia el constructivismo y el geometrismo no me inscribe, en ningún modo, en el informalismo. Tampoco me gusta el término 'abstracción lírica' porque mi trabajo no es totalmente abstracto y la palabra 'lírica' me parece cursi" (17)

Desde 1966, aproximadamente, el pintor retorna a la tierra. Los astros siguen presentes pero ya no desde un horizonte sideral, infinito, sino desde el horizonte mismo de nuestro planeta. En 1967, al cumplir 40 años de edad, Hurtado expondrá 40 obras en el Museo de Bellas Artes de Caracas. Mucho tiempo ha permanecido en el exterior sin mostrar su trabajo, alejado de los movimientos plásticos locales.

La década de los 70, además de la serie de los planetas, significó una transición. La tierra está presente en cielos nocturnos, pero la dimensión de los astros no desparece. Al escoger los astros como motivo de representación pictórica, lo que fundamentalmente pareció orientar al artista fue la necesidad de trasmitir el sentido del espacio. Espacio sugerido, subjetivo, que no tiene relación con el volumen ni con las perspectivas.

Los paisajes interiores han constituido el principal motivo de preocupación plástica del artista desde la década de los ochenta hasta hoy. Es también cuando empieza, hacia 1981, a pintar los primeros "tepuyes".

En referencia a esta temática, en una entrevista que concedió a Desirée Depablos, definió la pintura de la manera siguiente:

Para mí (la pintura) es abstracta, no son cuadros figurativos, son paisajes subjetivos, mis tepuyes no son documentales, los invento aquí en mi taller porque irse allá y copiarlos no tiene sentido. Quisiera pintar el silencio que hay en los tepuyes, es tan espeso que se puede tocar, es un silencio multiplicado. En un principio los pintaba sin darme cuenta, no los conocía sino por fotos. Después de haberlos visitado le di una sensación más subjetiva de inmensidad, nunca imaginé eso tan grandioso y sobre todo tan puro. (18)

Color y la luz

Aunque perdure el motivo de la esfera en la mayoría de sus pinturas recientes, el tema obsesivamente repetido, como si tratara de exorcizarse de la fuerza de ese paisaje enigmático, es el de los tepuyes. El tratamiento de estos paisajes sigue la línea que ha mantenido el pintor, sobre todo después de la década de los setenta. Para lograr la expresión buscada, desde el punto de vista de la técnica, vuelve a los medios más tradicionales de la pintura: lienzo, óleo, pinceles, brocha áspera o espátula.

Hurtado prepara la tela con una base de color gris, mezclados con el blanco y el negro, a partir de la cual comienza el proceso de construcción cromática. Para él los valores son esenciales. Lo podríamos definir como un pintor de la luz; o mejor aún, en las palabras del propio maestro, como un pintor de las sombras.

Su trabajo de contraste y simultánea contradicción tonal lo convierten desde la perspectiva de la abstracción, en un maestro del claroscuro. Pero sobre todo, en un colorista excepcional:

> Nunca fui realmente colorista. Mis obras en torno a la época del Premio Nacional, eran muy monocromáticas. Antes yo era un pintor monocromo, trabajaba por armonías de colores. Es justamente la fase reciente, desde mediados de los 80, cuando los colores están tomando preponderancia, sin abandonar el valor (19)

Desde la época de los 80 y en sus pinturas actuales, se percibe una profunda necesidad psicológica, que expresa plásticamente en forma magistral, de contraponer al desorden y la confusión, la contemplación de un mundo perfecto.

Tal vez esto explicaría por qué la obra de Ángel Hurtado o ha incorporado nunca la expresión de lo social. Ella ha sido un intento por captar valores de permanencia, de eternidad, de intemporalidad. Por liberar la cosas de su condición arbitraria y de su aparente casualidad. Esto podría explicar por qué el afán de abstracción ha sido persistente en la obra de Hurtado.

Pero aún así, por la su interés en buscar sobre todo la belleza de la representación, se podría afirmar que la pintura de Hurtado está vinculada estrechamente con la tradición paisajística moderna venezolana. En efecto, aunque desde el punto de vista de la expresión sea profundamente contemporánea, su entronque con el Círculo de Bellas Artes se explica por la búsqueda del color y de la luz.

Recuperación del paisaje
"El paisaje se presta a miles de interpretaciones, cuando veo algo en un paisaje que no me gusta, lo elimino, es el proceso de síntesis".

Después de la fase francamente internacionalista, el contacto con la raíces y con contenidos de identidad, a la manera como lo alcanzó antes un Wilfredo Lam (20), vendría para Hurtado a través del paso por una visión cósmica, hasta reencontrar la tierra otra vez, primero desde una dimensión planetaria y luego mediante la recuperación de un paisaje que podríamos llamar primigenio.

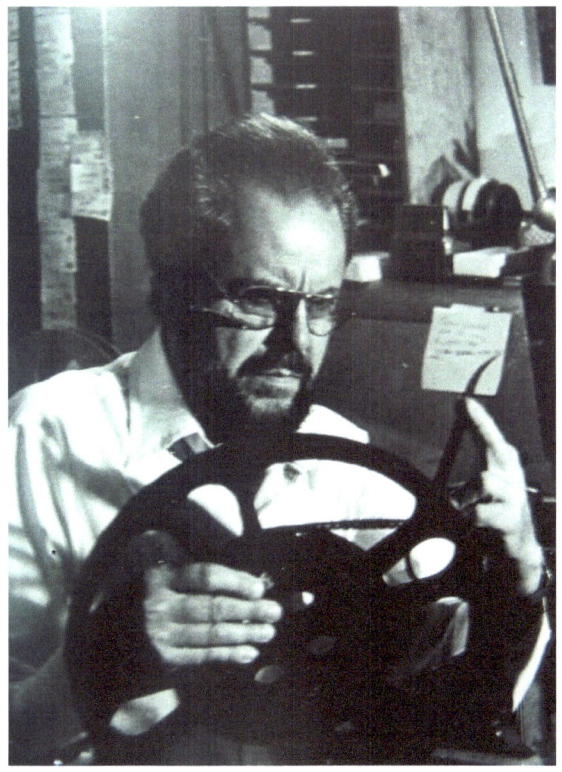

Editando.

EPÍLOGO

Un raro privilegio: hacer lo que quiere

Ángel Hurtado no se considera sólo un pintor sino un artesano visual. Le interesa todo lo que tenga que ver con el ojo. Le gusta trabajar esas técnicas como un artesano y no en el sentido del artista puro. Le gusta la artesanía del trabajo, el oficio bien ejecutado. Cuando se es joven uno hace cualquier cosa, pero al madurar se toma más conciencia de las cosas; por eso se le hace cada vez más difícil pintar, a pesar de tener 65 años pintando, según confiesa en las respuestas del siguiente cuestionario que accedió gentilmente a responder, a través de internet:

-¿Qué le impulsa a cambiar de una técnica a otra?

-La intuición. Si me encuentro con una motivación, decido si es mejor para el cine, la pintura o la fotografía. Son cosas que no preparo ni busco, sino que se presentan. También influye el estado de ánimo; a veces me saturo con la pintura y me hace falta cambiar al video. El cine lo he trabajado por más de 50 años. Comencé en París en 1955 con el primer documental sobre Soto y un corto de ficción, "El cuarto de al lado"; ambos fueron estrenados en el renombrado cine de arte y ensayo Cinema Parnasse, en Montparnasse (21). Desde entonces todos mis trabajos cinematográficos han sido sobre el arte y los artistas. Trabajé durante 20 años como director de la Unidad de Artes Visuales del Museo de las Américas de la OEA, en Washington. Cuando me llegó el tiempo del retiro me vine a esta hermosa isla, no a descansar, sino a digerir todo lo aprendido.

-Ahora le cuesta más pintar. ¿Se volvió más exigente?

-Tengo la pretensión de que mi pintura dure años, que no pase por las modas ni que se dañen por defectos de los materiales. Lo hago con la esperanza de que algún día tengan un valor, que la posteridad sea generosa conmigo y no las tire al olvido. El tiempo es el único juez; ningún contemporáneo puede juzgar a un artista. El Greco (22) pasó desapercibido por años hasta que fue "descubierto" un siglo después; en nuestro caso, ahora es cuando se está descubriendo a Reverón. El mismo Picasso, por ejemplo, en su juventud no fue conocido ni en España ni en ninguna parte, y eso que él fue uno de los pocos que lograron el éxito en vida.

-¿Siente afinidad con algún artista?

-Soy muy ecléctico. Admiro a muchos artistas de las más diversas tendencias, desde Soto hasta Reverón, del aduanero Rousseau (23) a Magritte (24). Mi escala de valores es muy amplia porque no soy sectario. Soy de los que cree que para ser artista hay que dejarse llevar por los sentimientos más que por la razón. Es por eso que no puedo encasillarme en una escuela determinada. Fui figurativo en mis comienzos, luego esa figuración se diluyó poco a poco y mis paisajes se fueron abstrayendo. Actualmente lo abstracto se diluye y vuelve la figuración, pero una figuración no descriptiva; quiero hacer paisajes primigenios, es decir, de antes de la llegada del hombre al planeta. Por eso me emociona tanto la zona de los tepuyes, ellos son los testigos más antiguos de ese período.

-¿Utiliza fotografías para apoyarse?

-Utilizo de todo, también fotografías tomadas por mí. Lo que me gusta es grabar el paisaje en mi mente, más que en la cámara. Hay cosas que las cámaras no pueden captar. Cuando voy a los tepuyes, veo aquella inmensidad y "veo" aquel silencio que ninguna cámara podrá jamás grabar. Ese silencio no es un silencio cualquiera, es un silencio que se "toca", una sensación muy extraña. Es lo que quiero plasmar en mis cuadros. También me han inspirado algunos paisajes margariteños y los extraordinarios acantilados de la isla de Coche.

-Por eso se siente que la mayoría de sus cuadros salen desde su interior y no de imágenes que ha visto.

-Los llamo paisajes interiores. No son de la ventana hacia afuera sino de la ventana para adentro.

-¿A qué artista admira?

-A Picasso porque abrió todas las puertas y al mismo tiempo las cerró, porque los artistas que quieran entrar por una puerta, si no tienen sus conocimientos, no lo logran. Y si logran entrar, después no hallan cómo salir. Es ese el aparente facilismo de Picasso. Él decía que le tomó 40 años aprender a pintar como un niño y cuando era niño pintaba como Leonardo. El arte contemporáneo terminó con Picasso, después de él comenzó la decadencia.

-¿Qué artista influyó en su trabajo?

-El que más me ha influido es Rembrandt (25), pues yo trabajo mucho el claro-oscuro en la pintura, los valores de luz y sombra. Él pintaba con una luz cinematográfica. Sus grandes cuadros con muchos personajes, pareciera que estuvieran iluminados por un director de fotografía, usaba la luz del sol como si fuera un reflector cinematográfico. Esa luz dirigida y valorizada con sutiles matices es algo que siempre me ha llamado la atención, porque es una luz completamente fotográfica.

-Ha logrado mucho en su vida. ¿Todavía le queda algo por realizar?

-Yo creo que todo está por lograr. No considero que haya tenido éxito, me considero frustrado en muchas cosas. Considero que mi pintura no es aún lo que quisiera que fuera. En cine quiero hacer un largometraje, algo más valedero. He escrito tres guiones y nunca los he podido realizar por complicaciones en el financiamiento. Mi aspiración sería, antes de morir, hacer una película sobre Reverón, ya tengo el guión listo.

-¿Qué es a lo que más teme?

-A la muerte, allí se acaba todo y es lo que más pienso en este momento, llegando al final de mi existencia.

-Este temor a la muerte significa que aprecia mucho la vida. ¿Cual fue su época más feliz?

-Desde los siete años hasta este momento. Estoy feliz porque he hecho lo que quería y eso ya es un privilegio.

Ángel Cristóbal García

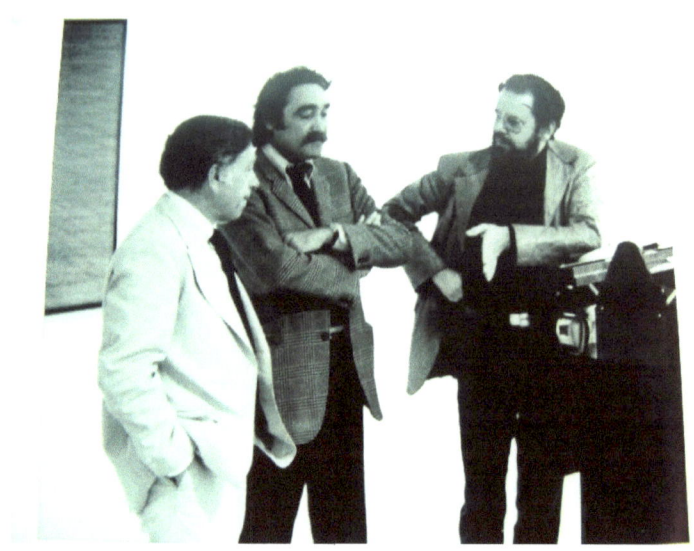

COLECCIONES

Museo de Arte Moderno Juan Astorga Anta, Mérida

Galería de Arte Nacional, Caracas

Museo de Bellas Artes, Caracas

Museo de Arte Contemporáneo Sofía Imber, Caracas

Museo de Arte Moderno de América Latina, OEA, Washington, D.C.

Ángel Cristóbal García

PREMIOS Y GALARDONES

1950. Premio Antonio Edmundo Monsanto. VIII Salón Arturo Michelena.

1955. Premio Planchart, Exposición Internacional de Valencia

1959. Premio John Boulton, XXI Salón Oficial Anual de Arte Venezolano, Museo de Bellas Artes, Caracas

1960. Premio Armando Reverón, XXII Salón Oficial Anual de Arte Venezolano

1961. Premio Nacional de Pintura en el XXII Salón Oficial de Arte Venezolano

1964. Premio Especial del Jurado, XXV Festival de Cine de Venecia. Premio "Federico Brandt", XXVII Salón Oficial de Arte Venezolano, Caracas

1973. Dos premios Golden Eagle en EEUU por dos documentales de arte

1990. Orden Francisco de Miranda en Primera Clase, Caracas

1997. Primer Premio I Bienal Fondene, Isla de Margarita

2003. Medalla Pedro Ángel González

FILMOGRAFIA (sólo los temas referidos a artes plásticas)

1955

- Película "Vibrations" sobre la obra de Jesús Soto artista cinético, de quien realizará la obra cinematográfica mas completa del artista

1957

- 1era película de ficción "La Chambre d´á côte" (el cuarto de al lado), junto a Humberto Jaimes Sánchez.

1960

- Cuarta película "Fisicromías", sobre la obra cinética de Carlos Cruz Diez.

- Comienza con Clara Sujo, una serie de documentales de arte para la televisora nacional (canal 5); "el arte en la pantalla"; filman, la cerámica con Tecla Tofano; Seka, la escultura del museo Pedro Ángel González; y alrededor de 10 documentales más.

- "Así nace un mural" con Jesús Soto en la realización de un mural para el museo de Bellas Artes.

1964

- Asiste a Chistian Jacques para el film "Le Repas de Fauves".

1969

- "Exposición de Soto" en el Stedelijk Museum en Amsterdam – Holanda 1970 hasta hoy día.

- Documental del pintor primitivo hondureño José Antonio Velásquez, narrada por Shirley Temple, con el que recibe Premio Especial del Jurado en el Bratislava internacional.

-Filma "Moire" sobre el arte cinético del arqueólogo y artista José Maria Cruxent.

- "Poleo y la Figuración poética" sobre el Artista Héctor Poleo en Paris – Francia.

- "Torres García y el constructivismo universal" en Uruguay, Argentina y Austin Texas.

- "Soto", una nueva visión del arte, recibe premio Golden Eagle en USA.

- "Abra Solar", sobre la monumental escultura de Alejandro Otero en Venecia – Italia

- "Guatemala, tierra del color".

- "El taller mágico de Armando Reverón" una visión del mundo de este particular genio venezolano.

- "Delta Solar y las cuatro estaciones" sobre la escultura de Alejandro Otero en el Museo del aire y el espacio en Washington D.C.

- Adapta para Vale T.V documentales sobre artistas venezolanos, Soto, Poleo, Pedro Ángel Gonzáles y realiza "Volúmenes Flotantes sobre Rafael Barrios.

- Realiza "Reverón en Nueva York", sobre la exposición Reverón en el MoMA. en colaboración con Clara Sujo y Vale TV.

NOTAS

1. El Universal. Entrevista a Ángel Hurtado. Junio de 1950.

2. Ángel Hurtado: del paisaje al paisaje interior. Mariza Jiménez. Página web Librería Cálatos.

3. Conversatorio de Marta de la Vega con Ángel Hurtado. Caracas, 1990.

4. Teresa Cacique y Oscar Garboso. Entrevista a Ángel Hurtado. Revista Imagen, N° 100. Caracas, junio de 1990.

5. Conversación de Marta de la Vega con J.A. Escalona. Caracas: 9 de marzo de 1992.

6. "Una exposición donde el pintor es crítico y jurado". El Universal, Caracas, 1950.

7. Luz, mar y Margarita son los tres elementos que conjugan la vida y obra de uno de los más conocidos pintores venezolanos de todos los tiempos, el

margariteño Ramón Vázquez Brito "El poeta del mar". Quizás el haber nacido el 28 de Agosto de 1927 en Porlamar y pasar su infancia con la luz y el mar insular explican el por qué Ramón Vázquez Brito ha dedicado la mayor parte de su creación figurativa al retrato y a el paisajismo. En dichas composiciones y conjunciones de elementos hay muchos de sus recuerdos e imágenes que atrapó en inocentes dibujos, cuyas artes perfeccionó de joven en Caracas y Buenos Aires, en donde su obra "Placidez", con tan sólo 22 años de edad, le permitió ganar en Venezuela el Premio Nacional de Artes Plásticas de 1950. Vásquez Brito aparte de dedicarse a la docencia en la Escuela de Artes Plásticas de Caracas, también se dedicó a explorar otras técnicas. Entre 1951 y 1953 se paseó por el cubismo, de 1953 a 1966 se aplicó al abstraccionismo geométrico y al abstraccionismo informal de donde retorno al figurativismo, teniendo como temas centrales al Lago de Maracaibo, la Represa del Guri y su Margarita que lo inmortalizó. En la actualidad, este bardo oriental de los pinceles, está refugiado en su isla natal desde donde además de enseñar artes a los niños, diariamente recibe desde su Casa-Galería de Pampatar el influjo del mar que lo consagró como el pintor del paisajismo lírico venezolano.

8. Ver en esta misma colección: Monografía de Alfredo Boulton. Autor: Ángel Cristóbal. Colección Premio Nacional de Cultura. Fundación Editorial El Perro y la Rana. Ministerio del Poder Popular para la Cultura. Caracas, 2010.

9. Conversación de Marta de la Vega con Ramón Vázquez Brito, 14 de mayo de 1992. Citado por M. de la V. en "Ángel Hurtado". Pág. 40.

10. Ibíd. 9

11. A pesar de los estilos muy diferentes, para ambos artistas la luz constituye un elemento pictórico esencia, el paisaje un modo privilegiado para captarla y el apego a la tierra, así como la evocación de los elementos naturales, un tema recurrente en sus respectivas obras.

12. Ídem 10

13. Amy B. Courvoisier. Dialogando por el mundo. "De Chaplin a Hemingway". Caracas, ediciones Edime, 1957, p.81

14. Un Ángel olvidado. Clara Diament de Sujo. El Nacional, 1958.

15. "Ángel Hurtado por él mismo". Autor: Ángel Hurtado, Washington, 1992. Aparece en el libro: Ángel Hurtado, de Marta de la Vega. Armitano Editores.

16. La cineasta venezolana Luly Delgado, en conversación con Marta de la Vega. Caracas, 16 de enero de 1992.

17. Ídem 3

18. Ángel Hurtado: Quisiera pintar el silencio de los tepuyes. Artículo extraído de la web. Lunes, 25 de febrero de 2008

19. Ídem 3

20. El más universal de los pintores cubanos, Wilfredo Lam nació en Sagua la Grande, Cuba. Su padre fue un inmigrante chino y su madre era de origen afrocubano. Su abuela, una sacerdotisa de la religión sincrética afrocubana de la santería, le enseñó sobre la cultura africana. En 1916 Lam se mudó a La Habana, en donde

estudió en la Academia de San Alejandro entre 1918 y 1922, Viajó a Madrid en 1923, donde continúa sus estudios hasta 1938 con el pintor académico Fernández Álvarez de Sotomayor y en la Academia Libre que era menos conservadora. Habiendo luchado contra el fascismo en la Guerra Civil española en 1936, en 1938 viajó a París, con un carta de recomendación para Picasso su amigo de toda la vida, Pablo Picasso lo presentó a un amplio círculo de artistas y escritores, incluyendo al etnólogo Michel Leiris (con quien estudió arte africano), Henri Matisse, Fernand Léger, Joan Miró y Benjamín Péret; conoció también a André Breton y a otros surrealistas con quienes entra en contacto posteriormente. En 1939 Pierre Loeb organiza la primera exposición personal de Lam. Durante la segunda guerra mundial establece fuertes vínculos con los surrealistas, con una marcada influencia en su pintura posterior. Hasta su muerte en 1982, en Paris, Lam trabajó alternando entre Cuba y Francia.

21. Como su homólogo Montmartre, Montparnasse se hizo famoso a comienzos del siglo XX, en los años llamados Années Folles (los años locos), cuando era el corazón de la vida intelectual y artística de París. Entre 1921 y 1924 el número de estadounidenses en París

pasó de 6 mil a 30 mil. De 1910 al comienzo de la Segunda Guerra Mundial, los círculos artísticos parisinos migraron a Montparnasse, una alternativa al distrito de Montmartre que había sido el caldo de cultivo de la anterior generación de artistas. El París de Zola, Manet, Anatole France, Degas y Fauré, un grupo con más en común por el estatus del que provenía que por las tendencias artísticas del momento, malcriados en los refinamientos del dandismo, estaba en el otro extremo del espectro económico, social y político respecto a los artistas emigrantes, valientes y que alzaban la voz con dureza que poblaban Montmartre. Pintores prácticamente sin dinero, escultores, escritores, poetas y compositores vinieron del mundo entero para prosperar en la atmósfera creativa y por el alquiler barato en comunas de artistas como La Ruche. Viviendo sin agua corriente, en estudios húmedos, sin calefacción, raras veces sin ratas, muchos vendieron sus trabajos por unos francos solamente para comprar comida. Jean Cocteau una vez dijo que la pobreza era un lujo en Montparnasse. Entonces promovidos por distribuidores de arte como Daniel-Henry Kahnweiler, hoy los trabajos de aquellos artistas se venden por millones de euros.

22. Tanto la vida como la persona del Greco, hasta hace poco han sido un misterio. Y aún ahora se desconoce casi por completo la vida de este extraño personaje, griego de origen, que ha sido uno de los más grandes pintores de la historia del arte español. Las investigaciones en los archivos de Toledo y de Venecia han ido arrojando luz sobre estos temas. En las obras del Greco se aprecian elementos de neta estirpe tizianesca, pero también otros que proceden de Tintoretto, de Bassano e incluso de Veronés. A este propósito no deja de ser significativo que buena parte de estos cuadros estuviesen hasta la segunda mitad del siglo pasado atribuidos a Tintoretto (el "Retrato de Giovanni Battista Porta" o "La huída a Egipto") a Veronés ("La expulsión de los mercaderes de Minneapolis" y "La curación del ciego de Parma") o alguno a Bassano ("El Soplón de Nápoles", "La adoración de los pastores del Duque de Buccleuch" y la "Curación del ciego de Dresde"). No ha de extrañar, por tanto, que muchos críticos hayan puesto en cuestión el aprendizaje del cretense junto a Tiziano.

23. Henri Rousseau nació en Laval (Mayenne / Francia) en 1844.Su oficio al servicio de París le vale el apodo de "aduanero". Su entrada en la vida artística tarda unos

años y sólo es en 1886 cuando crece su fama durante la participación a la muestra de los Independientes. Al público poco le gustaban sus cuadros, pues Henri Rousseau nunca aprendió a pintar y no perteneció a ninguna escuela...

Para pintar, Henri Rousseau se esforzó en reproducir lo que veía (la sencilla realidad visible), y trataba de yuxtaponer lo que observaba con lo que sabía de los hechos. Buscaba ser preciso e intentaba hacer sobresalir los detalles. Su falta de aprendizaje fue fatídica en la perspectiva de sus pinturas. Murió en 1910.

24. René Magritte (1898-1967) nació en la pequeña localidad belga de Lessines, en la región del Hainaut, pero su infancia transcurrió en distintos lugares a los que fue trasladándose la familia. Su padre era sastre y su madre, que de soltera había ejercido como modista y sombrerera, se suicidó en 1912 arrojándose al Sambre en Chatelet. Los ecos del suicidio materno pueden percibirse todavía en algunos cuadros de finales de los años veinte -La historia central (1927), Los amantes (1928, abajo)-, en los que aparecen figuras con la cabeza cubierta por una tela evocando la imagen del cadáver de la madre, que fue rescatado del río con la camisa cubriéndole el rostro.

25. Artista holandés del barroco, es uno de los más grandes pintores de la historia del arte occidental, Rembrandt Harmenszoon van Rijn nació en Leiden, el 15 de julio de 1606 y murió en Ámsterdam, el 4 de octubre de 1669. Fue un intérprete excepcional de la naturaleza humana y un maestro de la técnica, no sólo pictórica sino también del dibujo y del grabado. Su obra produjo un gran impacto en sus contemporáneos e influyó en el estilo de muchos artistas posteriores. Es probable que no exista ningún pintor que haya igualado a Rembrandt en su utilización de los efectos del claroscuro o en el empaste vigoroso.

Ángel Cristóbal García

BIBLIOGRAFÍA CONSULTADA

-Boulton, Alfredo. Historia de la pintura en Venezuela. Tomo III. Época contemporánea. Ernesto Armitano Editor, 1972.

-De la Vega, Marta. Ángel Hurtado. Armitano Editores. Caracas, 1995.

-Delgado, Rafael. La pintura de Ángel Hurtado. Folleto, Biblioteca Nacional.

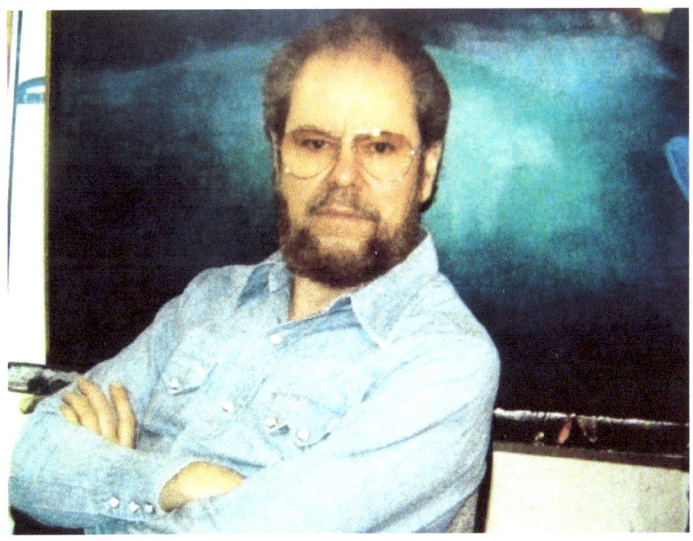

Ángel Hurtado.

Ángel Cristóbal García

INDICE

A MODO DE INTRODUCCIÓN

Del paisaje al paisaje interior

CAPITULO I

De El Tocuyo a París

Aquí hay una mano maestra

Arte libre en un taller

CAPITULO II

En un tren de correos

Nadie es un profeta en su tierra

El contexto internacional

CAPITULO III

La linterna mágica

Cine y pintura

CAPITULO IV

El silencio de los tepuyes

Color y luz

Recuperación del paisaje

EPÍLOGO

Un raro privilegio; hacer lo que quiere

EXPOSICIONES

PREMIOS Y GALARDONES

COLECCIONES

NOTAS

Ángel Cristóbal García

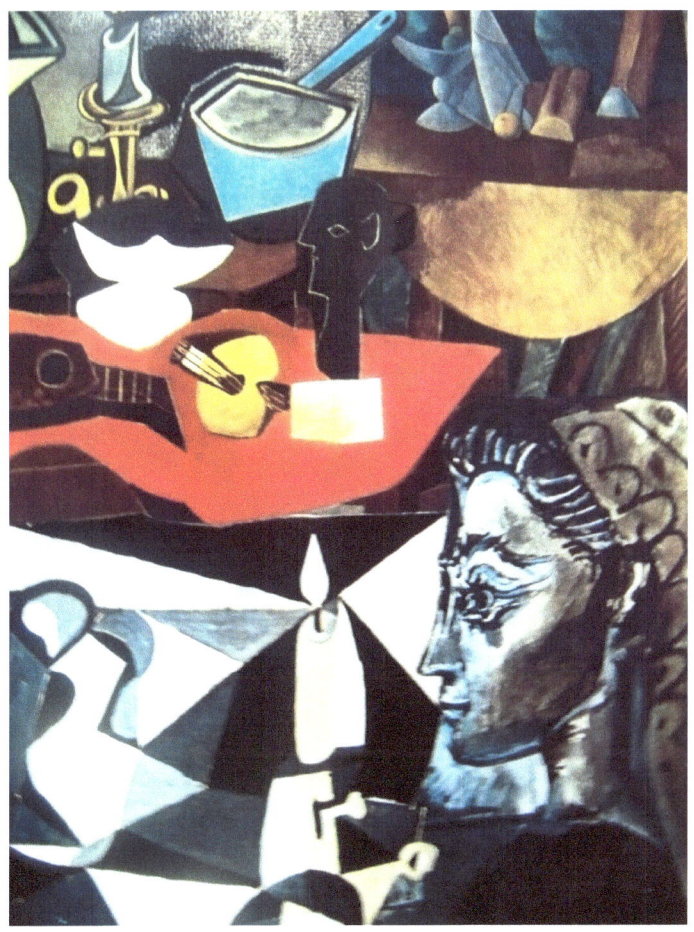

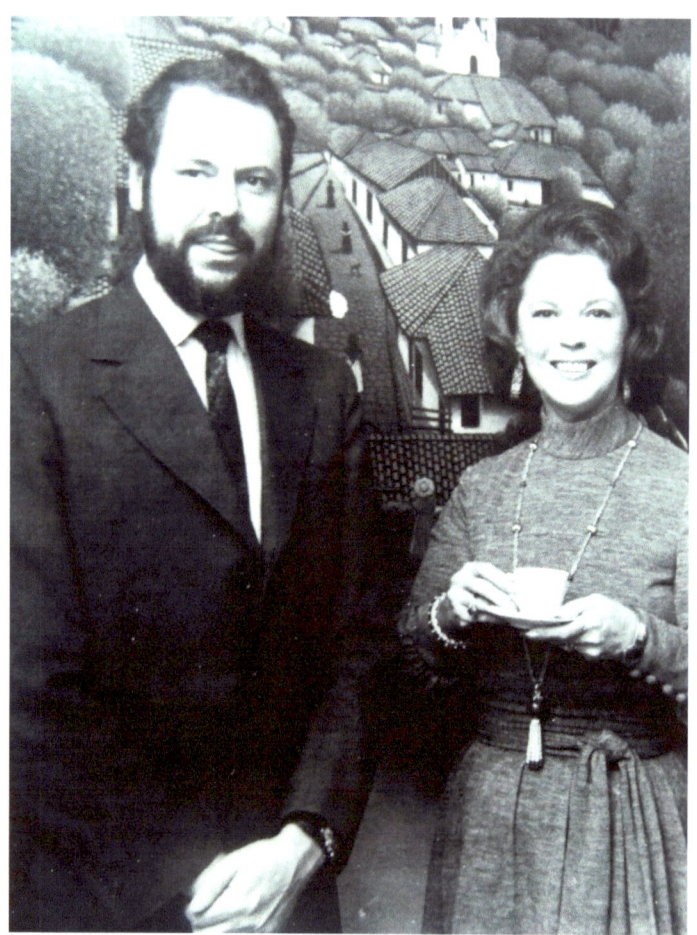

Con la actriz Sherlie Temple.

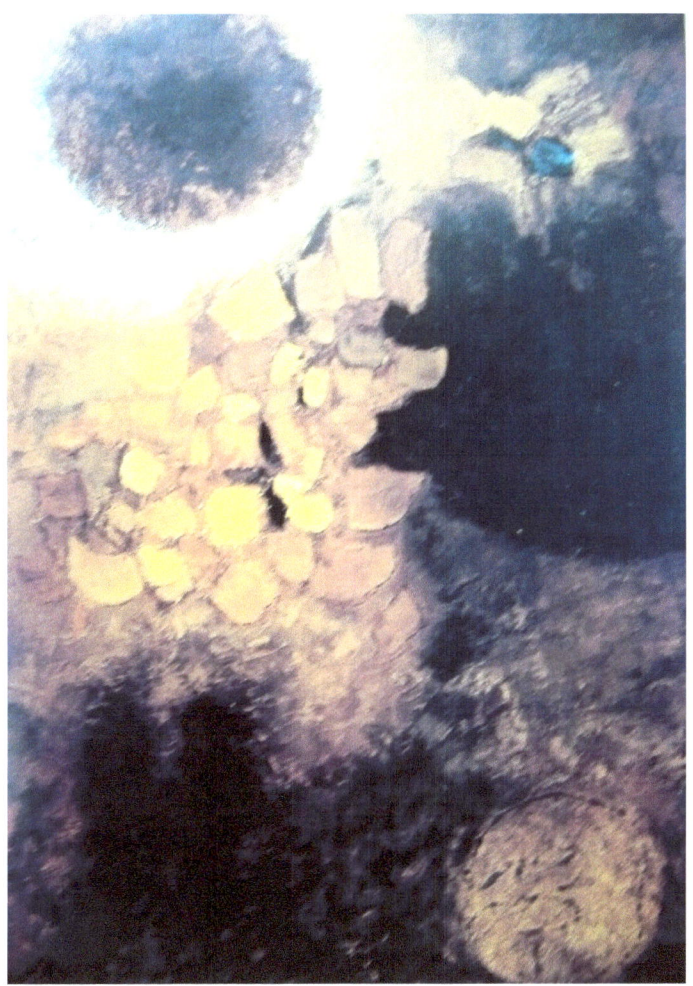

Premio Nacional de Cultura, 1961.

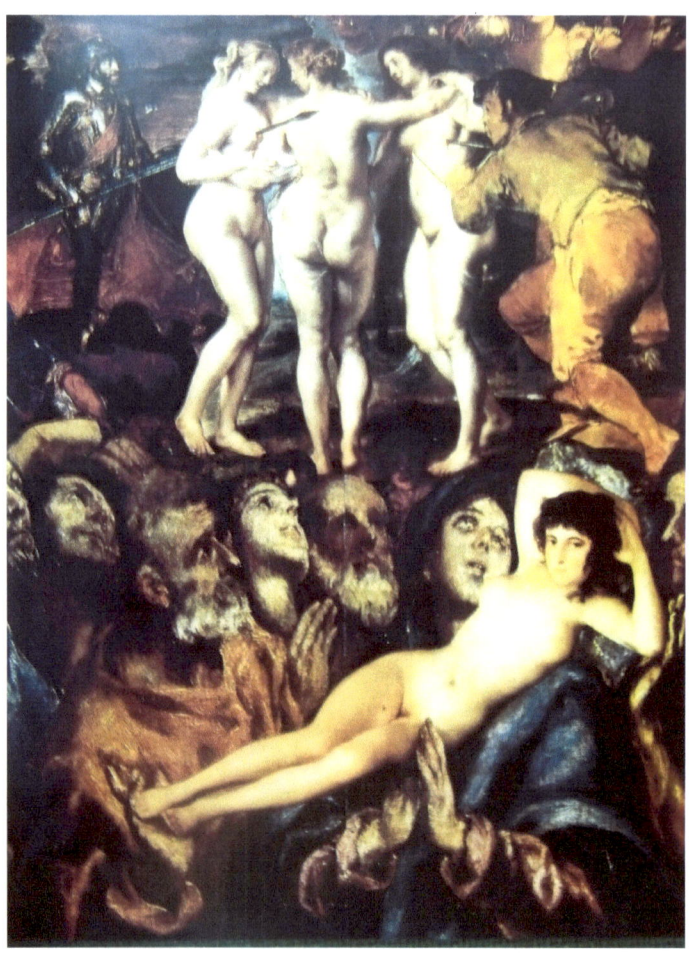

Collage.

Ángel Cristóbal García

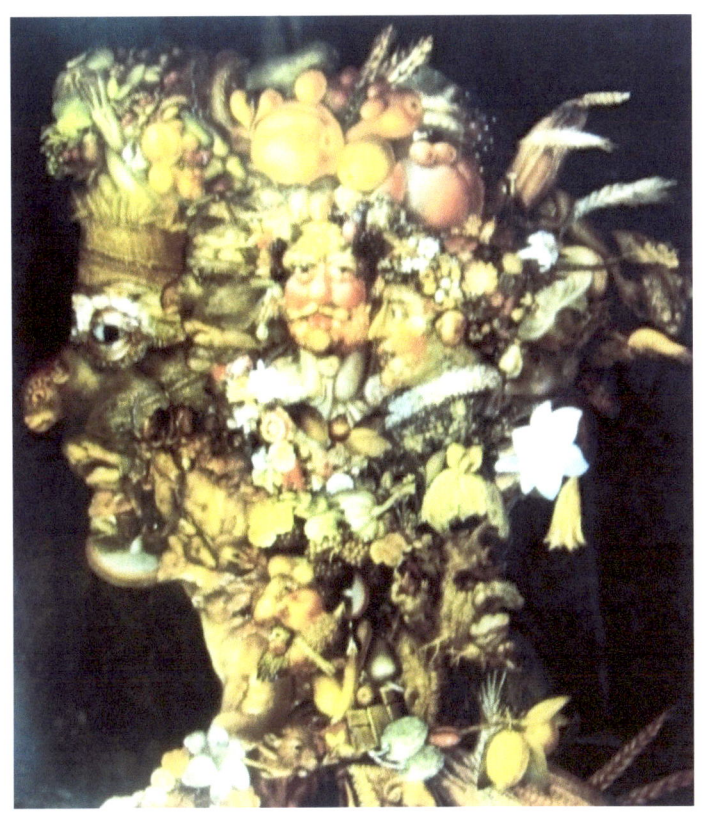

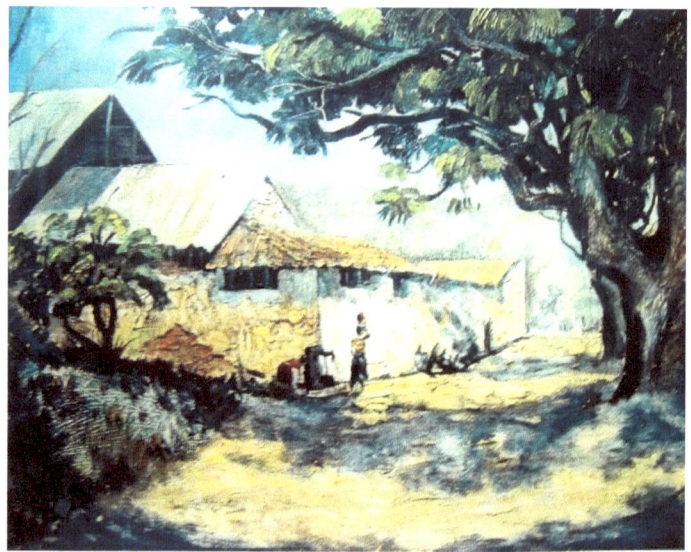

Paisaje.

www.ingramcontent.com/pod-product-compliance
Lightning Source LLC
Chambersburg PA
CBHW040225220526
45473CB00001B/125